잡사음집(雜思吟集)·1

지성.감성의 메타언어
조선문학사시인선.915

잡사음집(雜思吟集)・1

박 진 환 제471시집

조선문학사

■ 책머리에_시인의 말

잡사에 언어의 세례로 봉사하고 싶어

 『잡사음집(雜思吟集)』은 앞서 출간한 시집 『잡사운기(雜思韻記)』의 후속편쯤이 된다. 살아가면서 체험하고, 떠올리고, 생각해보는 여러 사념들 중 시로 형상화했으면 싶은 것들을 골라 나름으로 읊어본 것들이다.
 여러 자질구레한 일들이 잡사(雜事)이듯이, 여러 구질구질한 생각들을 잡사(雜思)로 불러줄 수 있다고 여겨졌고, 그런 생각들을 읊어본 것이 시집 타이틀로 제시된 '잡사음집' 쯤이 된다.
 살다 보면 여러 가지 일들을 당하게도 되고, 떠올리게도 된다. 그럴 때마다 시감이 되어줄 수 있다고 여겨진 것들을 그때그때 나름으로 형상해 본 셈인데 어떤 것은 쓸 만한 것으로 태어나기도 하고, 어떤 것은 말 그대로 잡사를 못 면한 것들도 많다.
 공자가 시 정신으로 제자들에게 가르쳤던 사무사(思無邪)와는 격이 다르다. '나쁜 일'이란 사(邪)됨을 생각함이 없는 것보나 사됨이 더 많은 생각과 함께 살아왔기 때문이다 사됨이 없는 생각으로 시 정신을 삼았으면 좋았을 걸 그 반대의 것들을 통해 사됨을 제기함으로써 개선에 이바지하고자 한 나름의 시작 지향 때문이었다.

생각한다는 것을 달리 산다는 것으로 바꾸어 볼 수 있지 않을까. 이 점에서 보면 '잡사음'은 삶의 기록일 수 있고, 삶을 음했음이 될 것으로 본다. 나름으로 삶에의 충실이고 싶었고, 삶에의 충실과 함께 시법에의 충실도 염두에 두었으나 실제에는 미치지 못한 것 같다.

아직 여지를 남겨두고 싶다. 앞으로 할 일이 더 남아 있는 소이이고 소이로 해서 잡사에 언어의 세례로 봉사하고 싶다.

끝으로 시의 편수가 넘쳐 『잡사음집·1, 2』로 나누었음을 밝혀둔다.

2024 盛夏
저자 씀

잡사음집(雜思吟集)·1 차례

책머리에_시인의 말 / 5

가정 / 11
고해살이 중생 아니던가 / 12
광부일기 / 14
그게 싫다 / 15
그러할 듯싶어서 / 16
까마귀와의 대화 / 18
꿈 이야기 / 20
납작코 못 면한 소이 / 22
노을 / 24
높낮이 익히기 / 25
늙었구나 / 26
다행 아닌가 / 28
대신 답을 거든다 / 30
도강일기 / 32
따뜻함에의 그리움 / 33
똥을 싸는 이유 / 34

머리 달라 다니나 마나 / 36
목포시절 / 38
∞ / 40
? ?가 답이다 / 42
???으로 / 44
민주라는 이름의 꽃 / 46
바둑판 / 47
발상 연습 / 48
밤바다 / 49
배운다 / 50
백지 / 51
버릇 / 52
변덕 / 54
사무사(思無邪) 소고(小考) / 56
사향지정 / 59
생의 밧줄이란 것도 / 60
선거 / 62
성탄절에 / 64
시레기들 / 66
에끼 / 68
에취 / 70

외움하며 익힌다 / 72
우둔(愚鈍)의 변 / 74
우리 라운지에서 / 76
이치를 지녀서 / 77
이치(理致)와 인(因) / 78
1주일 만의 외출 / 80
자애(自愛) / 82
잡사풀이 / 84
전매품도 버릴 줄 알아야 / 86
전화·1 / 88
전화·2 / 90
조문 유감 / 92
종(縱)으로 쓰고 횡(橫)으로 읊고 / 93
죽을 맛이다 / 94
참새 / 95
초 말고 / 96
추억 / 97
축하의 꽃다발이었으면 좋겠다 / 98
침묵 속엔 / 100
침묵의 강·1 / 101
침묵의 강·2 / 102

침묵의 강·3 / 103
침묵의 언어 / 104
침묵이라는 것을 / 106
쿼바디스 / 108
평범한 삶 속의 소박한 행복 / 109
푸들과의 대화 / 110
하늘의 이치 아닌가 싶어서 / 112
학(鶴) / 114
한가시편 / 116
한 점의 존재인 것을 / 118
할머니 생각 / 120
행복 동행 / 122
행복을 배운다 / 124
행복 이름하기 / 126
허허허 / 128
현역이라 할 수 있을지 / 130

가정

보도 위에 어둠이 깔리면
발걸음들의 보폭이 달라진다
발길질한 어둠을 뒤로 하고
돌아갈 수 있는 것은 행복하다
따뜻한 가정이 있고 있어
반겨주는 가족이 있는 곳은 행복한 공간이다
고단한 하루치의 피로를 풀 수 있고
풀어 하루치의 행복을 맛볼 수 있는 곳
그곳으로 돌아가는 발걸음은 행복하다
발걸음 재촉하는 소이가 또한 이러하다
돌아가도 반겨주는 이 없고
없어 외로움과 동거하는 독거는 불행하다
행과 불행의 차이는 함께와
홀로 하는 삶의 등식으로 척도된다
만복의 근원이라 했던 옛분들의 행복도
더불어 사는 가정을 두고 한 말 아니었던가

고해살이 중생 아니던가

잡사 잡사 잡사에 묻혀 살고 있단 걸
미처 몰랐어
잡사 끊어내고 살아야 한다는 걸
비로소 알았어

앓아누운 병석에서 이를 깨달아 알다니
종종 병석에 누워볼 일이란 것도
미처 몰랐어
앓아누워본 이제사 알았어

앓음이 앎이 되는 소이를 배우다니
그것도 비싼 수가 지불하고 배우다니
아는 것이라곤
없었음의 소치였어

늦게 배웠으니
소중히 써먹을 수도
헌데 자주 배우고 싶지 않은 것은
늙으면 매사 귀찮아져서만은 아닐 듯

허면 죽음에의 두려움?
그럴 수도
죽을 줄 알면서도 살기 위해
몸부림치는 것이 고해살이 중생 아니던가

광부일기

망구 눈앞에 하고
어머님께는 불효를
아내에게는 갚지 못할 빚을
납덩이로 지니고 산다

이리 못남이 크니
불효와 빚 갚긴 틀렸고
뉘우침이 금이 될 수만 있다면
채금 광부로 살고 싶다

늘그막에 자처한 광부
뉘우침의 깊이 어디쯤에
금이 있어
납덩이의 무게를 묻을 수 있을까

죽는 날까지
파고 또 파 들어가는 채굴이
내 생의 종언이 될지라도
광부의 기쁨으로 알고 싶다

그게 싫다

여러 전하는 소식 중에 똥소식이 희소식이라니
흑변에서 황변으로 바뀌는 과정이
위출혈을 가늠하는 바로미터가 돼서
똥소식도 희소식이 되는 소이가 됐다

육신이란 게 참 정직하다
아프면 괴롭고 회복하면 가뿐하다
기분 아닌 감지 감도가 진맥보다 높을 듯싶다
허니 정직한 소이됨 아니던가

정신은 속임수가 심한 편이다
보이지 않으니 얼마든지 농간을 부릴 수 있다
숨길 수 있는 속성을 지녔음이다
정신덕목을 더 높이 사지만 정직했을 때의 일이다

나는 육신의 정직을 좋아하고 믿는 터다
거짓이 없기 때문
거짓이 없으니 허울 뒤집어쓸 일도 없다
정직을 가리는 술수에 능한 정신 그게 싫다

그러할 듯싶어서

강기슭에서 비롯된 산의 높이는 척도되고
산기슭에서 비롯된 강의 길이는 척도된다
낮음으로써 높이를
높음으로써 낮음을 재는 척도법은
산과 강뿐만이 아니다

탑의 높이를 쌓기 위해
절망의 깊이로 탑돌을 떨어뜨려야 했던
절망연습
떨어져 내림으로써 높이에 가 닿고자 하는
정신지향의 척도도 다르지 않다

하늘의 이치를 높이로 알고 가 닿고자함이나
자연의 인(因)을 넓이로 알고 가 닿고자함도
높낮이가 그러하듯
높고 넓음에 가 닿고자한
척도법이다

어찌 낮음 없이 높이가 있겠으며
높이 있으면 넓음 또한 있기 마련

하늘의 높이가 그러하고
자연의 넓이가 그러하지 않던가
마음을 재는 검척의 척도도 그러할 듯싶어서

까마귀와의 대화

공원 벤치에 앉아 숨 고르는데
까마귀 한 마리 압각수 가지에 앉더니
까욱까욱 해싼다

"시끄러워 먹물이나 토해낸 주제에" 했더니
까욱 깍깍깍 까욱까욱 깍깍깍깍 까욱까욱
'그래 구린내 토해내는 것보다야 양반이지'

"시끄러워 저리 가라고"
까욱 까욱깍까욱 까까욱까까욱 까까욱 까욱까욱
'심술 그지경이니 알레르기비염 재채기 못면하지'

"저런 염비 재수 없이 굴지 마"
까까까 까욱 까까욱 까우까 까욱
'아이고 구려, 말씀 좀 점잖게 하셔'
까욱까 까욱 까욱 까욱
'염비가 뭐야 상것 같이'

"옛분들 효조라 하더니 어미 공양을 했냐"
까까욱 까까욱 까까까 까욱까욱까 까까욱

'효도가 뭔줄도 모르는 상것 주제에 효라니'

"한 컷 건지려 했더니 재수 없네"
까욱까욱 까욱 까까운 까욱
'잘가시게, 먹물 뒤집어쓰고'

이건 먹물이 아니라
작별인사요
까욱

꿈 이야기

꿈도 길몽은 아름답다
하루치의 행복의 조건이 되어준다
지나간 꿈을 되새겨보는 즐거움이
작지 않기 때문이다

그제 저녁엔 꿈에서나 볼 수 있는
현실에서는 여직 보지 못했던
아름다운 미소년을 보았다, 꿈이었지만
아름다웠고 꿈에서나 볼 수 있는 미남이었다

간밤 꿈엔 구청에서 운영하는 공영버스에서
가이드를 맡은 한 여인을 만났다
꿈·현실을 통해 내가 만나본
최고의 미인이었다

미소년과 미녀의 영상이
두고두고 지워지지 않고 되돌아보고 싶어진다
그리 아름다운 얼굴도 있다는
사실에 감탄했다

하루치의 행복이 아닌 오래오래
재현해 보고 싶은 꿈이 체험하게 한 행복
아마도 며칠째 병석에 누워 구겨졌던
내 모습을 위로하기 위한 잠재의식 아니었을까

꿈을 잠재된 무의식의 표출이거나
늘 꿈꾸어온 소망사고의 재현이라 했던데
미소년과 절세의 미녀를 꿈꿔왔던 것일까
노욕의 흉몽이 아닌 아름다운 꿈에 감사한다

납작코 못 면한 소이

코가 없었던들
평면 못 면한 낯짝
코 덕분에 콧대 세우고 자랑했는데
비염의 계절을 만나
코의 형편이 말씀이 아닌 수난기를 맞았다

재채기에 콧물에
에취에취에 주르륵 쏟아지는 콧물
코의 체면만이 아니라
콧대 세운 면상의 체면이
말씀이 아니다

충혈 못 면한 개진개진한 눈
가려움증에 연신 후벼대는 귀
콧구멍엔 콧물방어용 코마개
머리는 긁적긁적
전신은 근질근질

체면이 말씀이 아니다
에취 재채기 한 방에

주변의 눈들이 경계의 사시가 된다
주접기 못 면한 '이런 난처함'이라니
콧대는커녕 납작코 못 면한 소이가 이러하다

노을

아파라 가슴과 함께
마음도 아파라

아픔과 아픔 사이
가슴과 마음 사이

흐르는 강물은 비단자락
눈물로 범람하는 슬픈 강물이어라

앞대일 대안 마련 없고
삿대 또한 없는 도강

풍랑·격랑·노도를 어찌 헤치며
헤쳐 건널 수나 있을지

아파라 가슴과 마음 사이
아픔과 아픔 사이로 흐르는

이별보다 더 슬픈
물든 강안 노을

높낮이 익히기

켜켜로 쌓였던 A4 copy 다발이
마지막 한 다발을 남겨 놓고 있다
한 장 한 장 장수론 많은 분량을 썼던 셈이다

소비한 만큼 높이는 낮아졌지만
소비한 만큼 보이지 않는 높이 있었음 아니던가
낮이로 높이를 척도해 보는 계산법이 이러할 듯

시를 쓰는 일은 기실 매일 매일의 절망연습이다
헌데 절망의 깊이에서 쌓아 올리는
보이지 않는 높이가 있다

하늘의 이치에 가 닿는 일도
다르지 않을 듯
좇아 나아감 없이 어찌 높이엔들 가 닿겠는가

낮음 없이 높이 없듯이 높이로 낮음을
낮음으로 높이를 척도하는 법을
익히는 중이다

늙었구나

구정 무렵이면
설 선물을 받고 고마워한다

젊었을 적엔
미당·혜산·전봉건 선생님 댁을
하례 인사차 들르곤 했었다

지금은 내가 드리는 하례를
받는 망구가 됐다
세월이… 감탄사 빼고 씁쓸하게 뱉어진다

많이 살았구나
뒤돌아본 발자취는 초라하다
남길만한 것이 있는 것 같지 않기 때문이다

얼마를 더 살지는 높으신 분 뜻이다
모르고 살아왔으니 모름이 마땅, 공자의
미지생언지사(未知生焉知死)를 떠올려 본다

이제 시작하는 것도 있고

할 일이 아직 많은데 생각은
끝나는 일에 자주 가 있다

구정 무렵이면 새 삶보다
마무리할 삶을 앞에 하게 된다 늙었구나

다행 아닌가

알량한 『조선문학』이라도 할 때는
그런저런 전화가 많았었는데
그만둔 후론 걸려오던 전화마저
뚝 끊겼다

하루가 다 가도록 단 하나의 전화도 없다
기다릴 일도 없지만 내가 걸 일도 없다
피차 없으니 이런저런 전화보다는
없는 게 더 편하다

외부와 두절될수록
부지런해진 것도 있다
유독 주말이면 병이라도 도진 듯
가슴엣것들이 설친다

설쳐봤자, 그리움 외로움 따위의
푸념감 밖에 안 되는 것들이다
외로워할 줄도 그리워할 줄도 아니
가슴은 성한 편이다

다행 아닌가
외부와의 두절이 내부의 연락망을
활성화하다니 살아있음이니 좋고
아직 성한 곳도 있음이니 좋다

대신 딥을 기든다

알레르기 비염의 병발성
귀·코·눈 동시 가려움증
입 하나 남겨 놓고 성한 곳이 없다
그나마 입도 염비 외치라고 성함일 듯

염비란 게 비염의 어순을 바꾼 말 아니던가
성한 곳도 있어야 불평으로 불평 다스릴 수도
헌데 입이란 것도 그렇다
말 많으면 소인배 못 면해서

다행히 독기 덕분에 상대 없어
말 줄이고 사니 군자는 못 돼도 소인배는
면할 수 있을는지, 허긴
점잖지 못하게 염비염비면 군자 몫은 아닐 듯

처지 이 지경이면 따짐이 부질없는 일
얼굴 전체가 체면 깎일 일뿐이라니
군자니 소인배니 무얼로
체면 펴 유지한단 말인가

얼굴의 상징인 코가 병코 됐으니, 눈·귀·입
성한들 병든 상판대기 대접인들 받겠는가
'그렇다'고 답이라도 하듯
에취에취가 답을 거든다

도강일기

무탈하게 보내진 하루에 감사하며
하루를 접는다
'재수 없는 날'이 아니길 기대하며 건너는 도강
무사히 건넜으니 어찌 감사하지 않겠는가

가진 것이라곤 고해의 깊이와 넓이를
가늠하는
지팡이이자 길잡이이고 돛폭이자
기둥인 삿대 하나

앞대일 대안을 향한
하루의 저쪽은 가숙의 포구
멀미와 시련을 해치며 가 닿는
수고로운 정박에 감사한다

영원히 회귀할 수 없는 포구를 떠나는 출범
잔잔한 파도일 수도 노도와 격랑일 수도 있는
주어진 하루를 삿대질하며 오늘도
무탈한 하루에 감사할 수 있기를 기도해 본다

따뜻함에의 그리움

두 자리 숫자의 영하 날씨가 춥다
추운 만큼 그리운 것이 있다
따뜻한 체온 정이 그리운 때문이리라

오순도순 나누는 따뜻한 정
질화로 가의 옛이 그러했던 것관 달리
전열기에도 마음은 춥다

문명의 이기론 뎁힐 수 없는 외로움
열로 녹일 수도 연소할 수도 없는 외로움이다
독거의 체험으론 그러하다

따뜻한 미소 따뜻한 대화
따뜻한 손길은 정이 그리운 계절에
차가움이 환기시키는 따뜻함에의 그리움이다

똥을 싸는 이유

속고 속이는 속된 세상
속이란 게 깊숙한 안을 이름 아니던가
안 다르고 겉 다르다 했던가
속임이란 게
거짓을 참으로 알게 함 아니던가
그 거짓을 안에 감추고 있었으니
속이란 게 더러울 수밖에 없음이다
옷으로 가리고 피부로 포장한
그중 깊은 곳에
똥이 들어있음과 같은 이치다
다른 것은 속임이 똥보다 더 더럽다는 사실

속고 속인다는 게 더러운 거래
참이 통했던들
거짓으로 속였겠는가
속고난 후의 더러움이란 게
똥보다 더해서
속이고 난 후의 더러움이라고 다르겠는가
어쩌다 창조주께선 인간을
속고 속이는 더러움을 지니게 창조하셨을까

이 실수를 어찌 하시려고
도덕, 양심, 참 따위 덕목 속임 앞에선 똥값
인간이 똥을 싸는 이유를 알 것 같다

머리 딜고 다니나 마나

영하의 날씨를 밀어낸
춘분 전후의 날씨는
쾌청 외면 연일 상판대기가 구겨져 있다

흐림 아니면 비
구겨진 마음들이 펴지기는커녕
한사코 접혀져 펼 줄을 모른다

꽃들도 활짝 웃어야할 개화기에
웃기는커녕 표정 접고 시무룩하다
자연의 표정이나 인간의 표정이 다르지 않다

피를 뒤집어쓴 듯 새빨간 홍매화 한 그루
중년의 여인네가 핸드폰에 담기 바쁘다
담아가 수다로 피 묻은 영상을 쏟아내리라

그 흔해빠진 곱더라 고와를 연발하며
달리 홍매화가 문둥병에 걸렸더라
살갗이 죄다 터져 피를 흘리더라

이런 통역했던들 듣는 귀
천둥소리에 하늘의 말씀 했을 것을
곱더라 고와면 들리거나 말거나

통역 혹은 번역으로 신이 쓴 불간지서
자연을 풀이해봄도 꽃말보다 고울 것을
고작 고와라 고와면 머리 달고 다니나 마나

목포시질

비녀산은 내 꿈을 의탁하기엔
너무 작은 산이었다
운동장을 끼고 지나가는 상행열차
나는 날마다 열차에 꿈을 실어보냈다

귀항인지 출항인지
먼 뱃고동 소리가 미지를 꿈꾸게 했으나
졸업을 앞 둔 나날은 초조했고
출구를 찾지 못한 하루하루는 불안했다

주어진 길 시골학교 선생님은
관심 밖이었고
따로 지녀 키운 꿈은 시인이었다
진학에의 꿈은 몽환 차원

진로를 두고 모두들 안주를 택했으나
나는 안주를 거부했고
유일한 희망과 꿈은
서울행이었다

오랜 세월이 흘렀고
비년산 모퉁이를 돌아 목포행 열차는
헐떡이며 질주했다 귀향인 셈이었다
무엇이 되어 돌아가는 길이었을까

열차의 객창에 기대 멀리 목포를 내다보며
나그네는 회심의 미소인지
옛을 그리는 쓸쓸한 미소인지를 지었고
그는 그날의 꿈을 부화한 시인이었다

∞

8이란 9에도 못 미치는
한 자리 숫자
세웠을 때와 달리 뉘이면
숫자로는 드러낼 수 없는 ∞

서고 뉘임이
이리 운명을 달리 하는구나
살아서 갈 수 있는 길은 고작 100년
죽음이란 100년을 넘어 영원한 정지

삶의 희로애락이란
일순에서
일순으로 이어지는
부단한 행보

세우지 말고 뉘어보기
∞에 동그라미가 둘인 것은
두 자리 숫자에 도전하라는
발자국 표지

8자를 세우고 뉘우고에 따라 달라지는
삶의 행보
8자를 고치기 위해서는
∞ 뉘어도 볼 일이다

? ?가 답이다

봄 되면 비타민 결핍증이라던가
손톱 밑이 째져 자극성 아픔이 크다
아물 만하면 또 째져 피가 흐르고
깜짝 깜짝 놀라게 아프다
엄지의 움직임이 큰 소이다

양심은 찔려도 아픔을 모른다던가
피 한 방울 안 흘린다던가
그런 거 퇴화돼버린 지 이미 오래라던가
퇴화가 아픔만이 아닌 아예
양심 자체가 실종돼 버렸다던가

육신의 정직
양심이란 놈은 큰 죄를 저지르고도
아파할 줄 모르고
손톱 밑 상처는 손가락을 움직일 때마다
아파서 깜짝 깜짝이다

육신의 정직과 양심의 퇴화
폭력과 관능과 힘의 육덕(肉德)의

물신시대답게 육신 건재
육덕의 행사는 더럽지만
육덕의 정직은 아름답다

추함과 아름다움의 육덕과
아예 미추의 기능이 퇴화돼버린 양심
지금 당신은 어느 쪽으로 살고 있는가
양심이냐? 육신이냐?
??가 답이다

???으로

오늘도 헛발질 없기를 다짐하며
하루를 연다
열어봤자 매일을 되풀이하는
나름으론 최선을 다한다고 하지만
보람에 값한지는 미지수다

몇 편의 시를 쓰고
주어진 나들이로 임무를 수행하고
의무처럼 간 아내를 생각하고
고고고로 챙겨보지만
신통한 것이 없다

무탈하게 보낸 하루에
감사하고
독거의 외로움을 달래고
부질없이 창가를 서성거려보고
역시 고고로 놀아보지만 고(苦)다

산다는 것은 무엇이고
이렇게 사는 것도 삶인지

?를 찍어보지만 답 대신
???이 발자국으로 찍힐 뿐이다

민주라는 이름의 꽃

공원엔 철 되어 홍매화・백목련
산수유・개나리 다투어 피었데만
정작 피어야할 마음의 꽃은
두어 주쯤 더 기다려야 할 듯

꽃잎 없이도 꽃이 피고
향기 없이도 욱복(郁馥)으로 번지고
가슴과 가슴으로 길러온 꽃씨의 개화
민주라는 이름의 꽃

칼로도 도려내지 못하고
도끼로도 쪼개지 못한 오직
순수의 가슴과 피만이 빛깔로 피워낼 수 있는
꽃 중의 꽃 선거만이 개화할 수 있는 꽃

4천만의 이름으로 피거라
피어 4천만의 가슴에 단 꽃다발이 되거라
꽃다발이 되어
우리를 축복 아래 세워라

바둑판

세상은 거대한 바둑판 칸칸은 복당이다
바둑알들은 네모를 벗어나 죽지 않으려고
필사의 몸부림이다

코리아도 바둑판이다 검정 네모 속에
흰 바둑알들과 검정 바둑알들이
싸우며 섞여 산다

그중 하나는 승리자이고 하나는 패배자이다
코리아는 늘 세계를 제패한다
복당살이에 이골이 나서 탈출에는 달인이 된 때문

집을 뛰쳐나가거나 집에 갇혀 사는 데 도가 터서
바둑판을 제집으로 알고 산다
허니 가둠이 곧 탈출을 도움이 된다

코리아의 바둑판 판에는 검은 지배자와
흰 피지배자가 싸움 중이다
늘 검은 돌들이 승리자다

※ 복당(福堂) : 교도소의 이칭.

발상 연습

진달래 부어오른 젖멍울
절개수술
피다 피다
이팝꽃 달궈진 햇살에
소리여뻥 뻥튀기다 뻥튀기
비둘기 구구법 틀리자
81을 18로 바꿔 18 18 된발음
잎새들 입입 되어 핥던 햇살독이 번져
푸르뎅뎅 푸르뎅뎅
안산 능선 드러누운 산그늘 아랫도리
벗었다 입었다
구경하다 황사 뒤집어쓴 알레르기 환자
코 풀어대며 엄비엄비

밤바다
- 구고에서

달빛과 파도가
몸을 섞었다 풀었다
풀었다 섞었다 밀월 중

밤바다 못 잊어 찾아간
낭인 있어 들켰다
현장을

밤마다 몰래
체위를 바꿔가며 춤추듯
출렁이며 즐긴 밀월

들켰다
별들은 못 본체 눈만 껌벅껌벅
가슴 아픈 낭인 가슴엣병만 도지고

배운다

몸은 회복 기미가 있는데
어지럼증과 짜증은 털어내지 못한다
독거의 병상이 겪는 이중고 때문인지
아직 병마에서 자유스럽지 못함 때문인지
소이 있을 듯한데 짜증이 섞여 나온다

위장출혈
전문가의 진단에 의하면 위장도 윗부분
식도 부근에서 생기는 출혈 같단다
짐작 가는 바 있어 고개 끄덕거려진다
잦았던 목에 걸림이 식도를 상하게 한 것 같다

별 탈 없이 넘어가 줬으면 싶은데
걱정에 짜증에 심란한 심사까지
인지위덕을 시험하는 듯싶다
인내를 집결된 끈기라더니 늙은 망구
시험대가 호락호락하지 않음을 배운다

※ 인지위덕(忍之爲德) : 참는 것으로 덕을 삼음.

백지

아무것도 씌어 있지 않은
하얀 백지
한 편의 시를 써 새기면
시의 백비(白碑)가 된다

잉크나 볼펜이 아닌
영혼과 피로 쓴
돌에 새기듯 새겨 세우면
입비(立碑)가 된다

무슨 말을 새겨 피를 돌게 하랴
피가 돌아 돌의 생애를 살아있게 하랴
살아있는 영혼으로 숨쉬는
생애이게 하랴

버릇

상대가 없으니 침묵할 수밖에
혼자 지껄이면 들어줄 상대가 없으니
필시 명언일지라도 헛소리다

대신 말로 할 수 없는 것을
적어 언어를 대신한다
내 시는 언어를 대신한 문자다

그 속에 말보다 좋은 말이 있으면
다행이고 없으면 기록으론 남는다
기록으로 남아 시가 될 수 있으면 행운이다

지인들은 시를 많이 쓴다고
부러움은커녕 시비조이지만
말 대신 쓰는 일로 대신하는 버릇으로 산다

이 버릇없었던들
살아있는 송장일 수밖에 없다
나는 살아있게 하는 건 쓰는 버릇이다

나를 살아있게 하고
살 수 있어 송장 면하고 사는 버릇
나는 그 버릇을 사랑한다

번딕

두 자릿수 영하 날씨가 풀리자
이번엔 황사주의보다
자연의 법도가 매사 조화롭지
못한 심술같다

자연을 따라 인간의 삶이 달라지는지
인간 따라 자연의 순수도 달라지는지
심술에 심술이 겹친 것 같아
짜증스럽다

세상살이란 게
하늘의 이치를 좇거나
자연의 법도를 따른 법
그 법도란 게 어긋난 것 같다

양지녘 눈 녹아떨어지는 낙숫물 소리가
한가롭다
한가로운 틈으로 또드락 또드락 발자국 찍고 가는
물소리가 봄을 재촉하는 것 같다

절후는 이제 소한 지난 중동(仲冬)인데
햇볕의 강도에 따라
절후를 앞서가는 변덕이라니
변덕도 덕이 될 수 있는지는 금시초문이다

사무사(思無邪) 소고(小考)

공자의 가르침에 의하면
시는 사무사(思無邪)다
풀이하면 마음에 조금도
나쁜 일을 생각함이 없다다

헌데 고전이다
현대에 오면 좋은 일만 생각할 게 아니라
좋은 일, 미운 일, 추한 일은 물론 나쁜 일과 함께
분노·슬픔·기쁨·미움·증오·시기 같은
나쁜 일에 연계되는 마음도 시의 바탕이 된다

이러한 바탕은 직접 드러내기도 하고
에둘러 드러내기도 하며
순화·여과시켜 승화로 드러내기도 한다
그런가 하면 꼬집고 헐뜯고 공격해
복수를 감행하기도 한다

심지어 그것이 진실이거나 선과 미
만고의 진리일지라도
비틀어 짜기, 섞어짜기, 낯설게 하기, 혼성모방 등

의도적 제작성에 의탁
기도된 기술로 드러내기도 한다

이른바 현대적 기획이라고 하는
정공법에의 반역을 감행하기도 하고
객관적인 상관물을 발견 메타화하기도 하고
폭력적으로 결합하기도 한다
이른바 현대시법이 그러하다

더 중요한 것은 우리가 알고 있는 사무사가
공자의 가르침이었지 공자의 말은
아니었다는 사실이다
그 근거는 중국 노나라 때의 송사(頌辭)인
노송(魯頌) 경마(駉馬)란 시가 있고
이는 노나라의 희공이란 분이 말 농장을
민가에서 멀리 떨어진 산자락에 설치했는데
백성들에게 피해를 주지 않으려는 배려에서였다
이를 칭송해 사무사(思無邪)라 했고, 이를
공자는 제자들에게 시정신으로 가르쳤다는 뜻이다
시는 그것이 정직한 마음이건

깨끗한 마음이건
진실되고 아름답고 선한 마음이었건
마음만이 아닌 정서나 의식
심지어는 정신적 심리상태도 드러내는
언어미학이었고 이는 인지의 발달에 의해
주어진 그 시대마다 시법을 달리한
언어미학의 정화나 정수이고자 했기 때문이었다

사무사는 현대시법으로 보면 고전이고
고전이어야 하는 것은 시대적 변화 때문이다
이 변화는 시를 사무사에서
사유사(思有邪)로 바꾸기도 하고, 바꿔 에두르고
사물화하기도, 이미지로 재구성하기도 하는 등의
시의 발전에 기여했다
시가 바뀐 게 아니고 쓰는 법
드러냄의 시법을 달리했던 때문이다

사향지정

하늘은 잿빛
날씨는 우중충 꾸무럭
빗선을 그리며 간헐적으로 내리는
눈발

따뜻한 한 잔의 커피가 그리운
이런 날엔
따뜻한 미소며
따뜻한 체온으로 건네는 악수가 그립다

차가움이 따뜻함을 그리워하듯
따뜻한 가슴을 지닌 이는 안다
그리움이 따뜻한 가슴의
본적지라는 것을

초동의 한기가 그리워하는
고향
고향을 등진 이들은 안다
따뜻함이 그리는
사향지정(思鄕之情)을

생의 빗줄이란 것도

오진으로 감사했음 알고 놀랬어
"오늘 하루도 무사히 보내게 해주서 감사합니다"
레오나르도 다빈치 흉내를 했던 게야

바깥일을 무사히 마친 것만으로
무탈을 진단했다니 무식했던 게야
흑변을 3일씩이나 내갈기고도 무사했다니

약에 혈관을 넓히고 피를 묽게 해
혈행을 도우려고 처방한 약이
되레 위벽을 갉아 피를 흘리게 했어

달리 약능살인이요 병불능살인이라 했겠는가
약 잘못 쓰면 목숨 앗는다는 뜻이지
약이란 것 따지고 보면 선과 악을 지니고 있어서

세상물정 둔한 탓, 안으로 곪아 터진 건 모르고
바깥일 무사히 마치면 무탈로 알았다니
늙으면 약 가까이하고 의사 벗하라 했던 것을

병석이란 것도 그래
오랜만에 누웠더니 세상 잡사(雜思)보다
속 안 잡사가 더 많다는 걸 알았거든

잡사 잡사 잡사가
꼬리에 꼬리 물고 달라붙은 삶의 끈이란 것도
가위론 끊어낼 수 없는 질긴 생의 밧줄이란 것도

선거

투표를 탄환보다 무섭다 했던가
특등 사수 자처하고 당긴 방아쇠는
번번이 오발탄이 되고만 투표

몇 만 발의 탄환이 관통하거나
명중률 50%가 넘어야 선택될 수 있는
죽음으로써 건져 올린 삶이 선거인 것을

선거란 '너 죽고 나 살자'가 아닌
탄환의 티켓이 너 아닌 나
네가 살고 내가 죽어야 승자가 되는

탄환을 피해 살아남아야
승자가 되는 전쟁과는 달리
총알받이가 돼 죽어야 승자가 되는 전쟁

기표 도장 'ㅅ'이 무슨 뜻이겠나
살인이란 한글자음 'ㅅ'
살인이 더 많이 감행돼야 승자가 된다는 기호

'너 죽고 나 살자'는 구식 구호
'네가 살고 내가 죽어'야 승자가 되는
별난 전쟁, 별난 싸움이 선거다

성탄절에

주일이면
옆구리에 성경을 끼고 나란히
교회에 가는 것을 아내는 희망했다

희망보다는
목회자의 아버지로서 교회에 가지 않는
아버지를 못마땅해 했다

나는 그런 아내의
희망에도 보답하지 못했고
못마땅함도 풀어주지 못했다

그렇다고 그걸 가지고
다툰다거나 속상해 한다거나
불평하는 일은 없었다

종교에 대한 자유를 인정했다
그러면서도 자식과 외손주가
목사가 된 것을 축복으로 여겼다

아내의 희망에 답하고
함께 축복해 줄 수 있는 길을 잃어버린
성탄절이면 찾는 나는 길 잃은 양이다

시레기들

세월호 참사 때
설치는 기자들을 두고 주민들이 붙여준
쓰레기 같은 기자란 뜻으로 쓴 기레기가 있었다

요즘 문단에도 발호하는 끼리끼리의
시단 풍경을 보면서 기레기를 떠올렸고
시레기라는 명명을 붙여봤다

쓰레기 같은 시도 되고, 쓰레기 같은 시인도 되는
시레기
물론 나도 그중 한 사람이다

칼 찬 검찰공화국이 그러하듯
펜을 든 시인공화국의 시레기들이 가관이다
시는 말씀이 아닌데 떠는 꼴값이 가관이다

가슴으로 쓴 시, 머리의 항문인 입으로 쓴 시
말장난으로 쓴 시, 표정도 빛깔도 없는
가화 같은 시에 꼴값 떠는 시까지

언어로 덧칠하고 금비늘로 포장해도 드러나는
민낯이며 맨살의 나신
부끄러움을 느낄 법한데 아니다

당당하다, 당당 먼 시 이전의 시를 써놓고
당당하다, 모르고 썼으니 죄는 아니라고? 아니다
시를 모독한 시레기들의 죄는 물어야 한다

에끼

입춘 절후 맞아 곱게 풀리면 좋으련만
미세먼지를 섞어 초춘에 초를 치다니
그게 어디 봄맛이겠나 초맛이지

초란 게 발효시켜 만든 산성 아니던가
봄이 무슨 회감이라고
술안주감이라고 초를 쳐

향으로 말하고 빛깔로 말하는
욱복(郁馥)도 아니고 향원익청도 아닌
미각으로 봄을 맛보시겠다

벌써 매화는 눈뜨기 시작
봄이란 게 본다고 봄 아니던가
꽃도 보고 향도 보고 본다고 봄이지

마스크 썼기에 다행
민코 드러냈던들
저 분진의 미세먼지에 코가 어찌 성했겠는가

절후 맞이 곱게 할 일이지
곱게 해 보여줄 일이지 미세먼지로 초를 쳐
점잖지 못하기가 겨울 우거지상 같다, 에끼

에취

재채기가 잦아지는 걸 보니
불청객 알레르기 비염이 찾아온 모양이다
눈·코·귀 동시 다발의 가려움증에
연속성 재채기에 콧물
입에서는 "재수 없어"가 연발성
솔구이발
이른 바 쌍나팔이다

코로나 덕에 마스크는 준비되어 있다
불편한대로 처방전이란 게 그것밖에 없으니
그나마 있는 게 다행 아닌가
입에서는 점잖지 못하게
"에이 더러워, 재수 없게시리"
재채기로 주르르 흘러내리는 콧물 풀어대며
반겨야할 꽃가루를 푸념으로 대신 날린다

봄·가을이면 그중 살만한 계절이 아니던가
살만한 계절이면 찾아와 괴롭히는
알레르기 비염
올 봄도 아름답다는 꽃 대신

더러워서를 콧물로 풀어내야 할 판
하루살이도 고해인데 호시절
봄마저 '재수 없는' 계절이라니 더러워서 에취

외움하며 익힌다

이 험한 세상 아무 일 없이 하루가 무탈했다면
무능했거나, 현명했거나 지혜로웠다 해야할 듯
부딪칠 일 없어 피해 살았음이거나
부딪쳐도 슬기롭게 극복했음이거나
지혜롭게 피하고 극복했음이 될 듯싶어서다

아니면 싸워 쟁취해야 할 것을 지니지 못했든지
너 죽고 나 살자 식 삶을 지양할 줄 알았든지
그도 아니면 고해를 건너는
삿대질에 능한 사공이었든지
그중 몇 덕목을 지녔음일 듯싶다

내가 지닌 덕목이라면 공취보다
피해 부딪치지 않은 것
욕망의 중량을 줄이면서 사는 것
젠체하는 체병을 면하고 사는 것
분수 밖의 것에 눈길 주지 않는다는 것쯤

안분지족이라 했던가
맞는 말이자 좇을 만한 덕목이다 싶어

새기고 새겨 실천하고자 노력하며 산다
분수껏 사는 일이 주어진 삶일 듯싶어
싶어 싶어 주어 삼아 외움하며 익힌다

우둔(愚鈍)의 변

감정선갈(甘井先竭)이라 했던가
재능 있는 자 일찍 쇠폐한다는
장자의 말로 천재의 능력을 두고 한 말일 듯

글쟁이들 중 재능 있는 글쟁이는
서른 이전이거나 갓 넘어 몰하는 걸 보면
허사 아닐 듯도

거꾸로 재주 없는 글쟁이들
늙어늙어 다 살다 몰해도 남긴 것 없이
늙은이 대접 원로로 끝나기도

일곱 발자국을 걷는 사이에 시를 지을 만한
재주를 두고 칠보재(七步才)라 했던가
만보재도 못 되는 재주로 쓴다고 쓴 시

양으로는 한우충동
질로는 질(質) 아닌 질(帙)로 수만 페이지
줄잡아 500시집 합본으로 100여질

재능 있었던들 이리 도로(徒勞) 즐겼겠는가
늙어빠지도록 외길 인생, 젊어 죽으면 천재
늙으면 원로, 원로가 원로(遠路)였네그려

※ 한우충동(汗牛充棟) : 짐을 실으면 소가 땀을 흘리고, 쌓으면 들보에까지 가득 찬다는 뜻으로 많은 장서를 가리키는 말.

우리 라운지에서

신촌 세브란스
우리 라운지는
계절의 외곽지대
상하의 작은 뜨락이다

남국이 고향인 듯싶은
상록수들이
다투어 그린을 자랑하며
세브란스의 작은 공원 구실을 하고 있다

환자와 환자의 보호자들이
애용하는 쉼터
밖엔 두 자리 숫자의 한랭대인데
봄도 여름도 아닌 중간대다

잠시 벤치에 앉아 쉬는 동안
졸졸 흐르는 물소리 귀동냥하며
봄을 착각한다
한나절의 한가가 병원 아닌 오아시스다

이치를 지녀서

속이 있으면 겉이 있고
안이 있으면 밖이 있듯이
이안(李女)이면 이박(李朴) 있을 수도
하늘의 이치란 것도 높이 있으면
낮이 있고 길이 있으면 짧음 있기 마련
자연의 이치 인(凶)도
연으로 잇대임 있으면 떨어짐 있고
결도 합침 있으면 풀어헤쳐짐도
이치 이러하면
이안이 이박 되지 말란 법도 없을 터
이안 이박이 안쪽 바깥쪽 아닌
서로 맞물려 하나 됨이면
이런 궁합 또 있던가
시란 둘이면서 하나 됨의
미학이 되는 이치를 지녀서

이치(理致)와 인(因)

자연은 신이 쓴 위대한 불간지서다
다만 책을 읽는 것은 인간이다
읽어 해석하고 풀이하고 번역·통역하는 것은
인간의 몫이다
해서 정답은 없다
정답이 있는 것은 인위적 공식으로 만들어진
교과서뿐이다

천지를 자연으로 인(因)하는 것 했던가
인이란 게 원인이 일어나는 근본 동기 아니던가
잉(仍)이 그러하고 연(緣)이 그러하고
유(由)가 그러하고 의(依)가 그러하고
서로 맺고 얽히고 좇고 의지하고 따르는
모든 것의 비롯인 근본이 아니던가
그런 천지의 인을 어찌 인간이 해독하겠는가

읽어 깨달으면 이치에 가 닿고
이치에 가 닿아 함께 하면
법도 순리를 함께 함 아니던가
하늘을 이치라고 한 소이 또한 다르지 않을 듯

이치와 인에 가 닿음만이 천리에 가 닿는 일
모든 예술 모든 교육은 단순한 자연의 부속물에
지나지 않는다 함도 소이 그러하지 않을지

1주일 만의 외출

위출혈로 1주만의 나들이
옷이 삽해선지, 건강이 좋지 않아선지
햇볕 없는 날씨가 아직 추워서인지
잠시 앉았다가 갈 요량을 접고
귀가했다

어지럼기와 추위에 버틸 힘이 없었다
몇몇 지인에게 안부라도 나눌까 했었는데
접고 돌아온 귀가는 쓸쓸했으나
더 쓸쓸한 건 남은 하오를
침묵으로 보내야할 하루의 반이었다

따뜻한 햇볕으로 충전도 하고
1주째 거동하지 못했던 몸도 풀고 싶었는데
걸어서 넘어오던 무악재도 포기하고
전철을 탔다
몇 가지 과일을 샀는데 무거웠다

번역이어도 좋고, 통역이어도 좋을
신이 쓴 불간지서 자연경을 벗하고 싶었으나

접었다
건강이 독심술을 허락하지 않았다
하루쯤 연기하라는 뜻으로 알고 접어둔다

자애(自愛)

지인들마다 노구 아니면 망구들이라
건강이 시원찮은 모양이다
지병 지니지 않은 친구가 없을 정도다

나라고 다르겠는가
다행히 나들이할 일 있고
있어 움직이니 복으로 알밖에

한해가 다르게 노구 끌기가 다르다
육신도 그렇지만 육신 망가지면
정신도 성할 수 없음 아니던가

걸려오는 전화도 궂은 소식 많지만
그래선가, 딱히 전할 말도 없어
격조 못 면하고 사는 것도 병듦의 하나일 듯싶다

무탈하게 보낸 하루에의 감사가
자애 아닐지
자기애를 최고의 아첨이라 했데만

우리들의 최초이자 최후의 사랑은 자애라
안 했던가
자애 없이 누구를 또 사랑할 수 있겠는가

잡사풀이

시로는 잡사(雜思)를
사무실 일로는 잡사(雜事)를 정리한다
미루고 미루었던 구질구질하고
지저분한 것들을 정리하고 치우고 나니
한결 잡사(雜思)도 잡사(雜事)도
깔끔하게 정리가 된 듯싶다

정리하면서 자꾸 미안하다
미안하다를 되풀이했다
그간 발간했던 시집들의 발행 부수가
무려 많게는 1천 권
작게는 5백여 권씩을 찍었는데
버리면서 아내에게 미안했다

출판계에 발 들여 놓은 지 무려 50여 년
그간 출간을 지혜롭게 조정하지 못한
둔하고 서툰 출간들이 예외 없이 계산착오였다
정리하면서 끝날 무렵에야 그걸 알았다니
비싼 월사금을 치른 셈이다
아까운 대가를 아내에게 미안으로 갚는다니

시작도 끝도 서툴렀고
운영 경영도 서툴렀지만
많이 배웠고 후회 또한 없다
한들 소용이 없기 때문이다
『조선문학』 종간 정리가 철들게 하다니
철없었으니 그 짓을 했지 싶은 게
잡사로 풀어보는 푸념이다

전매품도 버릴 줄 알아야

춥다, 덥다란 말은
민초들의 전매특허품
잘사는 사람들에겐 방언된 지 오래다
추위·더위에 노출될 일 없으니
입에 담을 이유 또한 없음에서다

춥고 배고프단 말
민초들의 주어, 자랑할 게 못 되는 게
동냥 삼아 동사니 형용사 보태
구걸해 봤자 귀머거리들 뿐
설혹 알아듣는다 한들 거지취급 못 면해

춥다, 배고프다가 동정으로 통하던 시절은
호랑이 담배 먹던 시절
조선시대 놀부대감이나 이기에 길들여진
현대판 부르주아들에겐
귀양간 지 오랜 덕목

살아남으려면
눈에 쌍불 켜고 작심해야

비정(非情) 덕목으로 받아들여 지녀야
지녀 춥다, 배고프다란
전매품도 버릴 줄 알아야

전화·1

요즘 전화처럼 반가운 것도 없다
전화를 끊고 살았더니
걸려오는 전화 또한 없었다
전화를 받고 싶으면 먼저 걸어라
이치가 이와 다르지 않았다

밤 좀 늦은 시각인데 전화가 왔다
이 시간대면 자식들 전화 외엔
전화를 삼갈 시간이다
"예" 하고 받았더니 대뜸 들려온 소리가
"이비치비가 뭐예요" 한다

아닌 밤중에 홍두깨라고 어리둥절할밖에
'이비치비(以悲治悲)'는 시집 『고분지통탄』에서
슬픔으로 슬픔을 달랜다는 일테면
이열치열(以熱治熱)에 빗대어본 조어였다
"사전에도 없는 말이던데요"

그렇다, 만들어 쓴 조어였으니 사전에
있을 리가

"그걸 알고 싶어 전화한 게야, 내가
보고 싶어 한 게야, 바른대로 말해"
"둘 다"
고마운 제자가 아닌가
맹랑하긴, 스승의 시를 읽고 사전에도 없는 말
궁금해서 전화로 묻는 것이
건성으로 던져버리는 시집을 읽고
전화까지 해주다니

전화·2

풍시조 20여 편을
공부하려고란 단서를 붙여 청탁했기에
최근 출간한 시집 『통사통초초』1~25권까지와
『諷詩調 詩學』을 함께 보내줬더니
잘 받았다는 연락도 없었다

내심, 못된 것들 했지만
잘 들어갔으면 됐지 하고 말았다
그러면서도 궁금증을 떨쳐버리지 못했다
그렇지, 고맙다는 말은 못해도
잘 받았다는 말은 해야 도리 아니던가

혹여 판매용으로 잘못 알고
오해한 건 아닐까?
아니다, 분명히 공부한다니 회원들과
나눠보라는 메시지까지 동봉하지 않았던가
주소가 잘못 됐으면 반송돼 와야 맞고

마음에 지닐 일 못 돼 잊고 지냈는데
"보내주신 시집을 읽고 울었다"는

제자 전화를 받고 고맙고 감사했다
그러면서 『통사통초초』가 떠올랐고
잘못 가르친 듯싶어 섭섭했다

조문 유감

원로시인 청하(靑荷) 형이 소천하셨다
마지막 인사라도 드리고 싶어 조문을 갔다
꼭 가서 작별인사를 해야 도리인데
마음이 내키지 않고 따라주지 않는다
나들이가 고달파서가 아닌
몸이 무거워서가 아닌 마음이 무거워서였다
다녀오는 길이 무척 쓸쓸했다
동행이 없어서도 그렇지만 무엇인가
떨쳐버릴 수 없는 허의 무게가 더 무거웠다
내 차례도, 내키지 않는 차례의식이
몸과 마음, 허무의 무게를 더 무겁게 했다

낙엽이 지는 이치란 게 그중 가벼운 영혼으로
돌아감 아니던가
가을의 무게 때문에 떨어진다도 될 수 있어서
무위로 돌아간다는 것은 짊어진 생의 무게를
부려놓고 가는 일
피리어드 하나 찍기가 어려운 소이를
알 것 같구나
청하 형 편히 잠드소서

종(縱)으로 쓰고 횡(橫)으로 읊고

고통스럽기는
독에 중독된 것보다 더 괴롭고
은근히 그리며 겪는

외로움은 사랑의
로열 혈통
움직여 가슴하면 가락으로 감긴다

그리워 그리워서 가락 불러보면
리듬 따라 메아리로 감기고
움직여 그대 가슴에도 자장할까

한갓되이 맺지 못한
뿌리같이 하면서도 두 얼굴로 태어난
리라의 가슴은 아파라

죽을 맛이다

아아아아 아아아아 역겨운 고성이
무악재를 넘어 오면서 연발성이다
그 바람에 홍제골이 온통 굉음에 흔들흔들
이번에는 반대로 으아으아아 으아으아아
역겨운 연발성 고성이 무악재를 넘어간다
역시 홍제골이 들렸다 놓였다 흔들린다
뭐냐고?
거리의 무법자 앰뷸런스
제멋대로 달리고 내지르고 질주하는
거리의 초법자답게 외외탕탕이다
음계도 없이 보표도 없이 내지르는 소리니
음악일 순 없고 음악이 아니니 음은 음인데
악음임이 분명하다
여름 무더위 짜증도 못 풀어 환장 직전인데
앰뷸런스 악음마저 이마를 치고 지나가니
살맛 잃은 지 이미 오래, 죽을 맛이다

참새

날씨가 풀린 탓인지
풀려 주둥이가 기능을 회복했는지
참새들 입방정이 장난이 아니다
동네방네 소문이란 소문 다 물어다
쪼아 껍질이라도 벗겨내는지 쨱쨱 떠든 소리에
바람 없이도 솔가지가 흔들흔들이다

공원을 주소지로 살아온 연고에도
품위와는 거리가 멀고
꼴값에 방정맞기가 잡새와 다르지 않다
진득한 맛도, 참을성도, 찾아볼 수 없는
수다에 잡소리에 쓸만한 말도 섞였을지
섞였단들 추려 들을 말이나 있을는지

허긴 등치 큰 비둘기에게도
까치에게도 쪼이며 틈새만 노리는
그것도 삶이라고 이리 쫑알 저리 쫑알
쫑알대기엔 달인급
야성에 잘 길들여진 족속일시 분명하다
쨱쨱쨱 그렇다고? 귀라도 먹었으면 좋았으련만

초 말고

시 제목을 초동초(初冬初) 초추초(初秋初)
초춘초(初春初) 했더니
초자로 논다고 비아냥인지 시비쪼다

그렇다 노래방에 가도 고향초, 동심초
베사메무초 등
초로 논다, 해서 삼초가수다

시와 노래뿐만이 아니다
먹는 것도 초밥, 초콜릿, 초식을 좋아한다
뭐가 잘못 됐냐

하도 세상이 구리고 느끼해서
조미 겸해 초를 쳤더니 그 또한
시비쪼다

불문곡직이라 했던가
비리비리한 세상사 삭히려면
초 말고 달리 칠 것이 있던가

추억

지나가 버린 날들이
오늘에도 소용되고
그리운 것이 되고 아름다운 것이 되어 준다면
어찌 귀하고 소중했던 날들이라 않겠는가

추억 누구나 간직하고 간직해 되새겨 보고
되돌아보고 되돌아가고 싶어 함은
행복했던 시절이었기 때문이 아닐까

가슴에도 마음에도 간직할 옛이 없다면
그리워할 곳도 고향도 없음이니
어찌 황량하지 않겠는가

추억은 가버린 어제의 과거가 아닌
오늘에 소환해 함께 하는 자아 확대력이 편입시킨
현재의 확장 공간이 아니던가

잠시 쉴 수 있고 쉬면서 위안이 될 수 있는
아름다운 공간 그런 공간 가슴에 지니고 사는 행복
추억은 누구에게나 소중한 쉼터 안식처인 것을

축하의 꽃다발이었으면 좋겠다

겨울과 봄의 대결이 만만치 않다
봄이 비로 공격하면 겨울은
진눈깨비로 역공한다
흡사 코리아의 여야 선거판 같다
서로 치고 받는 폼이 판박이다

4월 총선이 한 달여 남짓
구호는 구호로써, 공격은 공격으로써
양보 없는 한판이
비와 진눈깨비 같았고
민심의 반응도 오므렸다 폈다 각각이다

움츠렸던 몸과 마음 펴고
제대로 된 투표 기대해 보지만
워낙 귀들이 얇아선지 속임수에
속지나 않을지 걱정에
이번엔 꽃다운 민주의 꽃 피울지 더블 걱정이다

내달 5일이면 경칩
개구리 눈 뜨고 개골개골 개구리하며 울겠다

개골이 정치골격 바꾸는 개골(改骨)이 될지
패거리 바꾸는 개구리(改舊吏) 될지는 지켜볼 일
어느 쪽이건 축하의 꽃다발이었으면 좋겠다

침묵 속엔

침묵 속에 더 많은 지혜가 들어있다 했던가
침묵도 침묵 나름
상대가 없어 침묵할 수밖에 없는 침묵 속엔
지혜 아닌 잡사(雜思)가 들어 있다

들어 있어 잡것들의 놀음판이 된다
생각만이 아닌 잡사(雜事)까지 끼어들어
잡배(雜輩)에 잡심(雜心)에 잡신(雜神)까지
잡탕패의 한판 난장판이 된다

허니 옮겨봤자 운기(韻記)인들 되겠으며
된단들 잡스러움 면해 마음에는커녕
가슴에라도 가 닿겠는가
내 잡사운기(雜思韻記)가 이러할 듯싶다

잡것이 섞이지 않는 순수를
바르고 곧고 휘임 없는 생각을
사무사(思無邪)라 안 했던가
잡탕도 맛은 맛이지만 순수의 맛에 가 닿겠는가

침묵의 강 · 1

파랑도 일지 않는 침묵의 심연엔
금비늘을 세운 언어들이 몸을 풀고 있다
나는 낚싯대를 드리운 조옹(釣翁)이 된다

입질을 해대던 활어 떼들이
비늘을 세웠다 접었다를 되풀이할 뿐
쉽사리 물려고 하지를 않는다

물 듯 물 듯 물지 않는 긴장이
침묵의 강으로 범람 파랑을 일으켜 보지만
낚시 끝을 맴돌다 가버리기 일쑤

유영하던 일진의 어군들이
뿔뿔이 흩어지면서 달이 지듯
소등으로 어둠을 드리운 강안

낚아 올리지 못한 수고로움을 거두며
조몽(釣夢)에 의탁 아쉬움을 접는다
꿈에서나 몇 마디 건져 올릴지

침묵의 강 · 2

말해야 할 때 입 봉한 침묵은
똥값이다
말해서는 안 될 때 입 봉한 침묵은
금값이다

침묵이 금도 되고 똥도 되는 소이가
이러하거니와
머리의 항문인 입으로 쏟아내는
솔구이발이 똥값인 소이도 같다

백마디의 말보다 값진 침묵과
말없이도 말이 되고
말이 되어 울림하고 가슴에 와 닿는
침묵은 등가치다

침묵해야 할 때를 알고
말하지 않아야 할 때를 아는 침묵
말해야 할 때 말하지 않는 침묵
하나는 금값이고 다른 하나는 똥값이다

침묵의 강 · 3

밤 7시쯤 지금부터 가부좌를 틀고 침묵에 든다
생각과 생각이 얽히고
하루치의 잡사(雜思)와 잡사가 뒤엉키고
과거와 현재 미래까지
공시 · 통시적으로 몸 섞어 혼돈의 강이 된다

흡사 게망태를 풀어놓듯
생각마다 개체가 되기도 하고
뒤엉켜 집단이 되기도 해
카오스의 사강이 된다
사강은 침묵 속의 집사들도 고해가 되고
고해가 되어 필사의 도강장이 된다

두서너 시간의 도강 끝에 가 닿는 대안이 있다
앞대일 언덕인지
고해에서 면한 익사에 지쳐 드러눕는
강안인지는 알 수 없다
알 수 있는 것은 침묵은 죽음의 강이거나
도강을 위한 삿대질의 연습장이란 것

침묵의 언어

종일 침묵
언어의 음소가 거세된
뜻만 남고 소리론 할 수 없는 언어
침묵

발성하지 않아 귀로는 들을 수 없지만
머릿속에 가슴속에 생각속에 살아있는
다만 상대가 없어
발성 대신 침묵의 언어가 될 수밖에 없는

상대가 있어 나누는 말 중
침묵의 언어보다 더 값진 말이 몇 마디나 될까
허튼 말, 빈말, 쓸데없는 말보다
침묵으로 삼가는 말씀이 더 값지지 않을까

침묵 속에서는 영과 영으로 통하는
영성이거나 영통의 언어가 있다
있어 소리하지 않아도 전달되고 전달되어
말로 통하는 침묵의 언어를 나는 좋아한다

말하지 않고도 말이 되고 말이 되어
소통이 이루어지는 영성의 언어
간 내자와 나는 침묵으로
하늘과 땅을 잇는다

침묵이라는 것을

침묵이란 게 아무 말 없이
가만히 있는 게 아니었어
몸으로 하는 말
아프다느니, 힘들다느니 괴롭다느니 대신
가슴으로 하는 말
그립다느니, 외롭다느니, 보고 싶다느니 대신
침묵으로 하는 말
고맙소, 감사했소, 사랑했소를
새로이 익힘이었던 것을

그걸 몰랐어
끊임없이 말을 주고받았던 것을
다만 개구(開口) 대신
침묵으로 말했던 것을
그것이 고마웠소, 감사했소, 사랑했소
였던 것을
그걸 알았어
침묵만이 터득할 수 있는 말이
고맙소, 감사했소, 사랑했소였단 것을

몰랐던 것을 일깨워 알게 해준
침묵
침묵이란 게 말하지 않고도 말을 하고
하지 않고도 들을 수 있는
최상의 언어란 것을
침묵만이 지상과 천상을 잇는
영통의 언어란 것을
영통의 언어만이 말하지 않고도 들을 수 있는
침묵이라는 것을

쿼바디스

독립공원
거수(巨樹)들이 거수를 들어
거수경례를 한다
"안녕히 가십시오"
"어디로 가란 말인가"
"찍힌 발자국 따라 밟고 가십시오"
"거기가 어딘데?"
"좋은 일 많이 하셨으면 우리가 우러르는
하늘나라, 궂은일만 골라 했으면 시베리아 유형"

나는 어디로 가야 하는가

낙엽은 누굴 위해 떨어지고
떨어져 발자국이 되는가

쿼바디스

평범한 삶 속의 소박한 행복

어스름 속으로 빨려 들어가듯
재촉해 들어서는 골목길
스텝마다 행복으로 찍힐 듯싶다

돌아갈 집이 있다는 것 있어 가족과 함께
오순도순 하루치의 이야기를 나눌 수 있다는 것

그 평범한 일상에서 맛보는 행복감은
돈으로도 그 무엇으로도 살 수 없는
소박한 생활만이 가져다주는 복 아니던가
돌아갈 곳이 없다
있다손 쳐도 아무도 없는 허한 독거공간
행복이 있다손 쳐도 나눌 사람이 없다

더불어 살고 살면서 함께 삶을 공유한다는 것
공유하면서 즐긴다는 것, 그게 행복한 삶인 것을

이것 말고 달리 명명 되는 복된 삶 있던가
가정이 만복의 근원임을 일깨워주는
평범한 삶 속의 소박한 행복

푸들과 대화

중년여인과
공원 산책 나온
곱슬머리 푸들

"예쁘다" 했더니
멍멍
"왜 짖어 예쁘다는데"

멍멍멍
"수작 마"라고?
멍멍
"그래"

멍멍 멍멍멍 멍멍멍
"내가 예뻐서 아니고"
멍멍 멍멍멍멍 멍멍멍멍
"우리 마나님이 예뻐서지"

하 요것 봐라
멍멍 멍멍멍멍

"뭐야 개같은놈"이라고?

"에끼 이놈
개눈엔 뭣만 보인다더니"

하늘의 이치 아닌가 싶어서

영하의 추위도 싫지만
영상으로 몸을 푼 미세먼지는 더 싫다
무슨 궁합이라고 풀리는 추위 따라
싫은 것들끼리 몸을 섞는 걸까

코로나에 숨통까지 죄던 마스크가
미세먼지를 걸러 숨통을 트이게 할 줄
어찌 알았겠는가
상충·상극의 알 수 없는 조화라니

방한도 되고 방진도 되는 마스크
싫지만 소용도 되는 역리를
마다할 수만도 없는
역병과 오염시대를 살아야 하다니

하늘이 내려다보기엔 생각 달리할 수도
복면한 김에 강도 연습 중일 거라고
연습이 아니라 강도 천지
그것도 복면 없이 민낯의 강도질

마스크 복면 쓰지 않고도 달인급 강도 천지에
쓰고도 당하는 순한 천치들로 천지인 세상
도치·부치가 돼버린 세상, 세상 이러하니
천치(天治)가 하늘의 이치 아닌가 싶어서

학(鶴)

내가 태어난 곳
고향 마을이 학의동(鶴儀洞)이다
연유로 마음에 학 한 마리 기르고 살았다
기르고 살면서
먼 곳에의 향수를 달래기도 하고
가고 싶은 곳에 가 닿기 위해
꿈과 함께 길렀다

지금은 구천을 날을 만큼
깃털이 잘 자란 학
날려 보낼 곳 마땅찮아 놓아 길렀더니
아내가 간 곳 하늘나라
그곳에 내 그리움을 전하는
전령사가 될 줄이야
학의 연이 이리 될 줄은 미처 몰랐다

고향 학의동에도 다녀오고
아내가 살고 있는 하늘나라에도 다녀오고
다녀와 노독을 함께 푸는
학 한 마리는 독거의 내 애완조

언젠가 나 또한 가는 날
저 높으신 분의 부르심이 있다면
함께 동행 아내가 있는 곳으로 가고 싶다

한가시편

하루 중 신촌 세브란스병원을 다녀오는 일이
유일한 외출이고 유일한 업무다
무슨 일이 있어도 수행해야 하는
구속력을 지닌 일과의 하나다

지인의 도움으로 차편이 있어
업무를 대행해 주겠다는 전화를 받았다
고맙고 감사하고 누릴 수 있는 하루치의
여유와 한가는 하루치의 행복에 값한다

아무도 없는 사무실에 앉아 벗해보는 한가
마음으로 펼친 맑은 하늘에 구름 한 점 띄우고
마음벌에 학 몇 마리 띄우는 유유자적
한운야학(閑雲野鶴)이 따로 있던가

한가함이란 무엇인가 유익한 일을 하기 위한
시간이라 했던가
유익한 일을 하기 위해 에너지를
충전하는 휴식이 되어주기 때문일 듯

정신적 활동 없는 한가함은 일종의 죽음이며
신체의 매장이라 했던데 정신적 활동이면
더 나은 삶을 위한 모색 아닐지, 한가로 충전한
에너지 방출로 새 삶에의 돌진이고 싶다

한 점의 존재인 것을

선생선멸(先生先滅)의 법칙
생명 있는 모든 것의 법도가 그러할 듯
월동을 한 꽃나무 새순이 돋아 자라자
먼저 돋아났던 잎들 순으로
차례차례 떨어지고 새순들이 잎을 피워냈다

무위의 법도나 인위의 법도가 다름이 아닐 듯
순리・질서・이치란 게
인(因)에 비롯하듯 한 이치에 연유했다
다시 환원되는
자연의 순환질서와 다르지 않은 듯

무위로써 인위를 깨닫게 하는
자연은 문자도 페이지도 없는
불간지서(不刊之書)이면서
하늘의 이치에 가 닿으니
어찌 따르고 좇지 않을 수 있겠는가

자연을 인간의 스승이라 한 연유 이러할 듯
헌데 해석도, 번역도, 통역도 거부하는

무위의 철리 앞에
인간이란 고작 한 사물에 불과한
우주의 무한 속 한 점의 존재인 것을

할머니 생각

어머님의 이장을 위해 고향에 내려갔다
고향을 지키고 있는 사촌동생들과
오랜만에 해후했다

작은집 둘째가 하는 말이 충격이었다
다 서울로 올라와버린 고향집은
할머니가 혼자 지키고 계셨다

수난의 시대에도, 수난이 끝난 후에도
고향집 지킴이는 할머니 몫으로
집을 지키고 계셨다

수난시대엔 감시의 눈이라도 지켜보고 있었지만
수난이 끝난 후엔 폐허처럼 외면된 집을
할머니 혼자 유령처럼 지키고 계셨다

동생의 이야긴 즉 할머니를 뵈러 가면
"이놈아 죽는 약 좀 사다줘야"를 주문하셨고
약 대신 눈깔사탕을 사다드렸다고 했다

궁금해 며칠 후 찾아뵈며 "약 드셨어요"
물으면 한 알도 빠짐없이
그대로 모아놓고 계셨다고 했다

한 시대의 증인이셨던 할머니
자식, 손주들의 불효에 가슴 아파하시며
얼마나 힘드셨으면 그러셨을까

동생의 이야기가 대못이 되어 가슴에 박혔다
아직도 그 못은 뽑아내지 못한 아픔으로
가슴에 박혀 있다

서울 유학생이라고 자랑하셨을 손주놈
단 한번의 효도도 해드리지 못했던 불효의 죄
독거의 내가 수인이 된 소이가 이러한 듯싶다

행복 동행

행복이란 게 길거리에 널려 있는 게 아니다
헌데 눈여겨보면 길거리마다
행복 천지다
더럽고 돈 때 묻은 행복이 아닌
순수무구의 행복들이다

따로따로따따로 갓 면한
아장아장이가
엄마 손에 매달리며 천하를 다 얻은 듯
뒤뚱이며 아장대며
대로행에 동행하는 행복

두서너 살짜리 꼬맹이가
엄마 손을 뿌리치며
혼자 걸을 수 있다고 뽐내며
비틀대며 휘젓는 나들이에
동행하는 행복

아빠 엄마 저녁 외식에 초대된
초등 어린이가

숙제에서 해방되며
엄마 손 잡고 만찬 길에
동행하는 행복

길거리에는 기다리고 있는 행복이 많다
기다리고 있다가 알맞은 상대가 나타나면
동행해 주는 행복 나눔이가 있다
지켜보며 행복해 하는
행복까지 데불고

행복을 배운다

길거리나 공원 어디서건
반려견과 동행인이 많다
당기는 목줄의 감도에 따라
주인 한번 쳐다보고 앞장서길 좋아하는
강아지들의 발걸음엔 행복이 동행해 주는 것 같다

엄마 손을 잡고 나들이 나온 아장아장
세상 구경이 좋아선지
손잡고 함께 동행하는 것이 좋아선지
둘 다인지
어린애 발걸음에도 행복이 동행하는 것 같다

행복이란 게 찾아가는 것이 아니라
찾아오는 것이 아닐지
행복에도 발이 있어 동행자를 만나면
동행해 주는 것이 아닐지
찾아감 아닌 찾아옴의 행복

헛발질이나 들어서지 않아서는 안 될 발걸음엔
동행 거부

꼭 가야할 길 가거나 가지 않아서는 안 될 길 가는
행보에는 동행 참여
행복의 행보를 지나가는 발걸음에서 배운다

행복 이름하기

행복이란 게
소망사고를 이루었다거나
행운이 굴러 들어왔다거나
소원성취를 했다거나가 다
행복에 값하는 것들이다

이와 달리 바라는 것 따로 없고
없으니 욕심할 일도 없고
그런 소박하고 평범하고 무탈한 삶도
행복에 값할 듯싶어서

행복 따로 불행 따로보다
큰 불행 없이 무탈하기
잘 보내진 하루에 감사하기
할 수 있는 일 있어 즐겁게 일하기면
행복에 값함 아닐까

소박하고 평범한 삶
하루에의 충실로 만족할 수 있는
있어 불평 없이 사는 삶

그런 삶이고 싶고
그런 삶의 하루하루를
행복이라 이름하고 싶다

허허허

떼까마귀 떼로 날며 불며
까악까악 울어쌓고
앰뷸런스 악악 악을 쓰며 울어대고
강 건너 어디선가에서 들려오는 곡소리며
소리 없는 통곡 소리까지
어느 귀하신 분이 작고하셨단 뉴스엔 없었는데

사람 아닌 정권이 초상을 당했대요
어쩐지 병 깊어간다 했더니
결국 못 면한 초상집 정권
투표는 탄환보다 무섭다더니
관통한 자는 새 삶으로 부활하고
빈총 맞고 나자빠지다니 원통함이 크겠네

귀 밝은 이들은 곡소리 아닌 웃음소리 들린다데
만사무석(萬死無惜)을 두고 한 말일 듯
빈총도 안 맞음만 못하다더니
입방아에 무너진 정권
빈총엔들 무사했겠나
웃음소리 드높은 소이다

한쪽에선 곡소리
다른 한쪽에선 웃음소리
웃고 웃는 세상사 울음 있으면 웃음도
슬픔 있으면 기쁨도 있기 마련
4.10이 그런 날이었거니
웃고 웃는 날 허허허

현역이라 할 수 있을지

젊었을 적
신문기자 시절 때도 가져보지 못했던
출입처를 망구에 세 곳이나 가지고 있다

첫째는 홍제동에서는 제일 싸구려 식당
찬은 집반찬으로 맛은 최고인 골목집
하루도 빠짐이 없는 단골손님이다

두 번째는 대형병원 신촌 세브란스
총무처
하루도 결근 없이 드나드는 개근상감 출입처다

끝으로 세 번째는
서대문 독립공원
내 지정석이 있을 만큼 쉼터 겸 휴식처다

이 세 곳 출입처를
다람쥐 쳇바퀴 돌 듯
하루도 거름 없이 돌고 또 돈다

할 일 있어 나름의 삶에 충실하고
할 수 있는 일 마다않고 충실하면
폐품 망구 면한 현역이라 할 수 있을지

잡사음집(雜思吟集)·1

2024년 8월 15일 인쇄
2024년 8월 25일 발행

지은이 / 박진환
발행인 / 박진환
펴낸곳 / 조선문학사
등록번호 / 1-2733
주소 / 03730 서울 서대문구 통일로 389(홍제동)
대표전화 / 02-730-2255
팩스 / 02-723-9373
E-mail / chosunmh2@daum.net

ISBN 979-11-6354-285-8

정가 10,000원

* 인지는 저자와 합의 하에 생략
* 잘못된 책은 서점에서 교환해 드립니다.